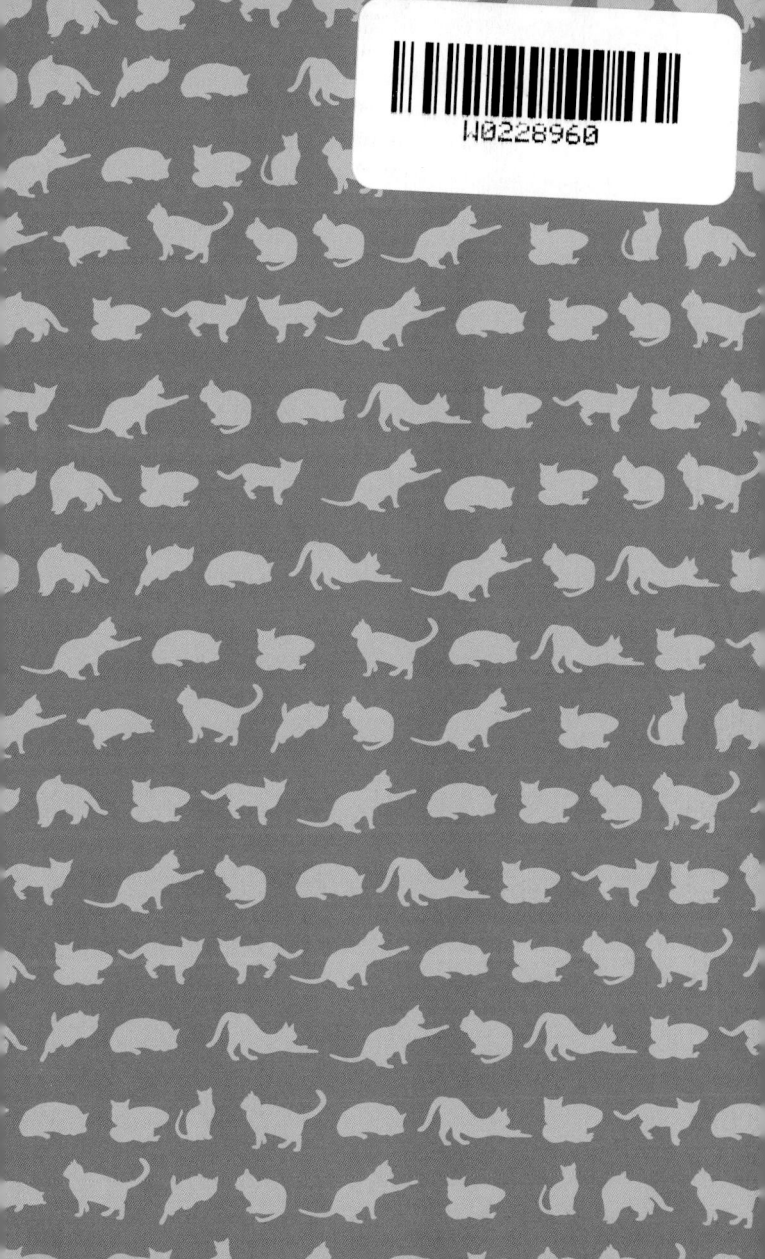

W0228960

Samt-
pfoten-
poesie

Die
schönsten
Katzen-
gedichte

Jan Thorbecke Verlag

Inhalt

Torquato Tasso — Katzen 5 | Rainer Maria Rilke — Schwarze Katze 6 | Mary E. Wilkins Freeman — Katzen lieben Menschen 9 | Algernon Charles Swinburne — An eine Katze 10 | Hermann Hesse — Des Löwen Klage 12 | Wilhelm Busch — Hund und Katze 14 | Jules François Félix Fleury-Husson — Eine dösende Katze 19 | Josef Guggenmos — Katzen kann man alles sagen 20 | Peter Paul Althaus — Schlafender Philip 21 | Charles Baudelaire — Die Katze 25 | Heinrich Heine — Mimi 26 | Kurt Tucholsky — Die Besonderheit der Katze 29 | Gerrit Engelke — Katzen 31 | Joseph Viktor von Scheffel — Und die Katzenaugen sehen 32 | Paul Verlaine — Frau und Katze 34 | Joachim Ringelnatz — Schöne Frauen mit schönen Katzen 35 | Théophile Gautier — Zu deinen Füßen 39 | Maria Luise Weissmann — Die Katzen 41 | Otto Julius Bierbaum — Maikaterlied 45 | Oscar Wilde — In einer Zimmerecke wacht 46 | Christian Morgenstern — Eine große schwarze Katze 48 | E.T.A. Hoffmann — Miau 50 | Theodor Däubler — Katzen 53 | René Schickele — Katzen 56 | Charles Baudelaire — Versonnen 58 | Max Hermann-Neiße — Die vielen Katzen, welche um mich sind 59 | Erich Kästner — Wie heißen die Katzen 61

Katzen

So sehr haben die Katzen sich vermehrt,
Dass sie doppelt so zahlreich sind wie die Sterne am Himmel:
Es gibt Katzen mit ganz weißem Fell,
Es gibt schwarze Katzen, gescheckte Katzen:

Katzen mit Schwanz, schwanzlose Katzen:
Eine Katze mit Kamelbuckel
Möchte ich mit Schleiern verkleidet sehen
Wie ein Halbaffe; erkennt ihr sie noch?

Die Berge mögen sich davor hüten, zu gebären,
Denn wenn eine Maus geboren würde, die Ärmste,
Sie könnte vor den vielen Katzen nicht fliehen.

Hausfrau, ich ermahne dich, habe den Kopf
Und das Auge beim Kessel, wo's kocht:
Beeil dich, schau, schon klaut dir eine das Kalbfleisch.

Ich will einen Kehrreim machen,
Weil das Sonett nicht viel Lob verdient,
Wenn es den Katzen mit Schwanz nicht gleicht.

Torquato Tasso (1544–1595)

Schwarze Katze

Ein Gespenst ist noch wie eine Stelle,
Dran dein Blick mit einem Klange stößt;
Aber da, an diesem schwarzen Felle
Wird dein stärkstes Schauen aufgelöst:

Wie ein Tobender, wenn er in vollster
Raserei ins Schwarze stampft,
Jählings am benehmenden Gepolster
Einer Zelle aufhört und verdampft.

Alle Blicke, die sie jemals trafen,
Scheint sie also an sich zu verhehlen,
Um darüber drohend und verdrossen
Zuzuschauern und damit zu schlafen.
Doch auf einmal kehrt sie, wie geweckt,
Ihr Gesicht und mitten in das deine:
Und da triffst du deinen Blick im geelen
Amber ihrer runden Augensteine
Unerwartet wieder: eingeschlossen
Wie ein ausgestorbenes Insekt.

Rainer Maria Rilke (1875—1926)

*Katzen lieben Menschen
viel mehr als sie zugeben wollen,
aber sie besitzen genug Weisheit,
es für sich zu behalten.*

Mary E. Wilkins Freeman (1852–1930)

An eine Katze

Stattlicher, edler Freund, ich bitte sehr,
Komm her
Und sitz bei mir. Schaue mich dann
Mit Deinen feurigen Augen an.
Der Liebe großzügiges Wesen
Kann ich in ihren goldnen Blättern lesen.

Dein wunderbares weiches Fell,
Dunkel und hell,
Die seidig-wirre, weiche Pracht
Wie Wolken in der tiefen Nacht,
Lohnt meine ehrfürchtige Freundlichkeit
Mit Zärtlichkeit. [...]

Was erwacht in Dir beim Tagen
Wer kann's sagen?
Viel zu wenig wissen wir,
Und sind doch Freunde, Mensch und Tier.
Was wär'n wir für glücklich' Wesen,
Könnten wir uns richtig lesen.

Algernon Charles Swinburne (1837–1909)

Des Löwen Klage

Einsam steh ich, ich kanns nicht fassen,
Bäume rauschen, Blumen lächeln gelassen,
Mir aber ist alle Lust der Welt,
Ist jeder Schritt verdorben, vergällt.
Tigerlein, Spielkamerad, Brudergesicht,
Hörst du mich nicht?

Ach was soll ich ohne Tiger machen,
Ohne dich sind auch die schönsten Sachen
Keinen Dreck noch Mausschwanz wert.
Jede Maus und Eidechse sollst du haben,
Alles was das Herz begehrt,
Maulwurf will ich dir und Käfer graben
Sollst mit mir in allen Tabu-Räumen
Wunderbar verbotene Träume träumen.

Aber lass mich nicht so einsam stehen
Hier im Walde, wo die Farne wehen,
Wo die Spinne durch den Ginster kriecht
Und es oft so gut nach Vogel riecht.
Hab ich denn auf immer dich verloren?
Hörst du nicht auf meine Klagelieder?
Bist du als mein Zwilling nicht geboren?
Bruderherz, geliebtes, kehre wieder!

Hermann Hesse (1877–1962)

Hund und Katze

Miezel, eine schlaue Katze,
Molly, ein begabter Hund,
Wohnhaft an demselben Platze,
Hassten sich aus Herzensgrund.

Schon der Ausdruck ihrer Mienen,
Bei gesträubter Haarfrisur,
Zeigt es deutlich: Zwischen ihnen
Ist von Liebe keine Spur.

Doch wenn Miezel in dem Baume,
Wo sie meistens hin entwich,
Friedlich dasitzt wie im Traume,
Dann ist Molly außer sich.

Beide lebten in der Scheune,
Die gefüllt mit frischem Heu.
Alle beide hatten Kleine,
Molly zwei und Miezel drei.

Einst zur Jagd ging Miezel wieder
Auf das Feld. Da geht es bumm!
Der Herr Förster schoss sie nieder.
Ihre Lebenszeit ist um.

O, wie jämmerlich miauen
Die drei Kinderchen daheim.
Molly eilt, sie zu beschauen,
Und ihr Herz geht aus dem Leim.

Und sie trägt sie kurz entschlossen
Zu der eignen Lagerstatt,
Wo sie nunmehr fünf Genossen
An der Brust zu Gaste hat.

Mensch mit traurigem Gesichte,
Sprich nicht nur von Leid und Streit,
Selbst in Brehms Naturgeschichte
Findet sich Barmherzigkeit.

Wilhelm Busch (1832–1908)

Eine dösende Katze
ist das Abbild perfekter Seligkeit.

Jules François Félix Fleury-Husson (1820−1889)

Katzen kann man alles sagen

Auf der Treppe saß ein Mädchen,
ein graues Kätzchen auf dem Schoß.
»Dreimal drei ist zwölfundzwanzig«,
flüsterte es ihm ins Ohr.

»Aber ja nicht weitersagen!«
Ernst sah es das Kätzchen an.
Keine Sorge! dacht ich, als ich's
im Vorübergeh'n vernahm.

Katzen kann man alles sagen.
Was man auch zu ihnen spricht,
sie verraten kein Geheimnis.
Katzen machen so was nicht!

Josef Guggenmos (1922–2003)

Schlafender Philip

Er hat das Blaßgraue,
das ich so liebe,
in seinem Seidenfell –
– – Dämmerungen
des Noch-nicht-ganz-Erwachten,
voller Ahnungen:
Wie es sein könnte,
wenn …
(Manche werden fragen:
»Wenn was?«
Aber die kommen
für meinen Kater Philip und mich
nicht in Frage.)

Peter Paul Althaus (1892–1965)

Die Katze

Komm, schöne Katze, und schmiege dich
An mein Herz, halt zurück deine Kralle.
Lass den Blick in dein Auge tauchen mich,
In dein Aug' von Achat und Metalle.

So oft dich mein Finger gemächlich streift,
Deinen Kopf und Rücken zu schmeicheln,
Und träumende Lust meine Hand ergreift,
Die magnetischen Glieder zu streicheln,

Schau ich im Geist meine Frau. Der Strahl
Ihres Blicks, mein Tier, gleicht dem deinen,
Ist tief und kalt wie ein schneidender Stahl.

In schmiegsamem Spiel haucht den feinen,
Gefährlichen Duft, wie Schmeichelgruß,
Ihr brauner Leib von Kopf zu Fuß.

Charles Baudelaire (1821–1867)

Mimi

»Bin kein sittsam Bürgerkätzchen,
Nicht im frommen Stübchen spinn ich.
Auf dem Dach, in freier Luft,
Eine freie Katze bin ich.

Wenn ich sommernächtlich schwärme,
Auf dem Dache, in der Kühle,
Schnurrt und knurrt in mir Musik,
Und ich singe, was ich fühle.«

Also spricht sie. Aus dem Busen
Wilde Brautgesänge quellen,
Und der Wohllaut lockt herbei
Alle Katerjunggesellen.

Alle Katerjunggesellen,
Schnurrend, knurrend, alle kommen,
Mit Mimi zu musizieren,
Liebelechzend, lustentglommen.

Das sind keine Virtuosen,
Die entweiht jemals für Lohngunst
Die Musik, sie blieben stets
Die Apostel heil'ger Tonkunst.

Brauchen keine Instrumente,
Sie sind selber Bratsch' und Flöte;
Eine Pauke ist ihr Bauch,
Ihre Nasen sind Trompeten. [...]

Wunderbare Macht der Töne!
Zauberklänge sondergleichen!
Sie erschüttern selbst den Himmel,
Und die Sterne dort erbleichen.

Wenn sie hört die Zauberklänge,
Wenn sie hört die Wundertöne,
So verhüllt ihr Angesicht
Mit dem Wolkenflor Selene.

Nur das Lästermaul, die alte
Primadonna Philomele
Rümpft die Nase, schnupft und schmäht
Mimis Singen – kalte Seele!

Doch gleichviel! Das musizieret,
Trotz dem Neide der Signora,
Bis am Horizont erscheint
Rosig lächelnd Fee Aurora.

Heinrich Heine (1797–1856)

*Die Katze
ist das einzige vierbeinige Tier,
das dem Menschen eingeredet hat,
er müsse es erhalten,
es brauche aber dafür nichts zu tun.*

Kurt Tucholsky (1890 – 1935)

Katzen

Bleib noch länger goldnes Dämmern —
Wie wird der Tag schon matt und blauer —
Verstummt ist Lärm und Werkstatthämmern.
Die Nacht liegt auf der Lauer —

Der Schlüssel schließt die Häusertore.
Nun Wandrer meide die dunkle Mauer —
Das Licht ist aus — es klingt im Ohre —
Liegen Strolche auf der Lauer? —

Hinauf die knarrenden Windeltritte.
Die Gasse wäscht ein Regenschauer.
Bald nahen im Schlafe weiche Schritte:
Der Traum liegt auf der Lauer —

Gerrit Engelke (1890–1918)

Und die Katzenaugen sehen

Und die Katzenaugen sehen,
Und die Katzenseele lacht,
Wie das Völklein der Pygmäen
Unten dumme Sachen macht.

Menschentum ist ein Verkehrtes,
Menschentum ist Ach und Krach;
Im Bewusstsein seines Wertes
Sitzt der Kater auf dem Dach! –

Joseph Viktor von Scheffel (1826–1886)

Frau und Katze

Sie spielte mit ihrem Kätzchen
Und reizend waren zu schau'n
Die weißen Hände und Tätzchen
Beim Tändeln im Abendgrau'n.

Versteckt hielt voll lustiger Mätzchen
Im Handschuh, o Tücke der Frau'n,
Die spitzigen Nägel mein Schätzchen,
Die scharf wie Messer, traun.

Auch die andere wollte gefallen
Und versteckt ihre grausamen Krallen,
Doch währt ihre Sanftmut nicht lang ...

Und im Zimmer, in Dämm'rung versunken,
Wo ihr silbernes Lachen erklang,
Erglänzten vier Phosphorfunken.

Paul Verlaine (1844–1896)

Schöne Frauen
mit schönen Katzen

Schöne Fraun und Katzen pflegen
Häufig Freundschaft, wenn sie gleich sind,
Weil sie weich sind
Und mit Grazie sich bewegen.

Weil sie leise sich verstehen,
Weil sie selber leise gehen,
Alles Plumpe oder Laute
Fliehen und als wohlgebaute
Wesen stets ein schönes Bild sind.

Unter sich sind sie Vertraute,
Sie, die sonst unzähmbar wild sind.
Fell wie Samt und Haar wie Seide.
Allverwöhnt. – Man meint, dass beide
Sich nach nichts, als danach sehnen,
Sich auf Sofas schön zu dehnen.

Schöne Fraun mit schönen Katzen,
Wem von ihnen man dann schmeichelt,
Wen von ihnen man gar streichelt,
Stets riskiert man, dass sie kratzen. [...]

Joachim Ringelnatz (1883–1934)

*Manchmal sitzt er zu deinen
Füßen und schaut dich an,
mit einem Blick so
schmeichelnd und zart,
dass man überrascht ist
über die Tiefe seines Ausdrucks.
Wer kann nur glauben, dass hinter
solchen strahlenden Augen
keine Seele wohnt!*

Théophile Gautier (1811–1872)

Die Katzen

Sie sind sehr kühl und biegsam, wenn sie schreiten,
Und ihre Leiber fließen sanft entlang.
Wenn sie die blumenhaften Füße breiten,
Schmiegt sich die Erde ihrem runden Gang.

Ihr Blick ist demuthaft und manchmal etwas irr.
Dann spinnen ihre Krallen fremde Fäden,
Aus Haar und Seide schmerzliches Gewirr,
Vor Kellerstufen und zerbrochnen Läden.

Im Abend sind sie groß und ganz entrückt,
Verzauberte auf nächtlich weißen Steinen,
In Schmerz und Wollust sehnsuchtskrank verzückt
Hörst du sie fern durch deine Nächte weinen.

Maria Luise Weissmann (1899–1929)

Maikaterlied

Maikater singt die ganze Nacht:
Der Frühling ist erwacht, erwacht,
Der Frühling ist erwacht!
Gleich einem Reis trägt er den Schwanz;
Wärn Blätter dran, so wärs ein Kranz;
Er flötet:
Oh holde Mimamausamei,
Wer dich zu lieben wagt, der sei
Getötet!
Ich ganz alli-alla-allein,
Nur ich darf dein Geschpusi sein,
Bis dass es morgenrötet.

Im Mai sind alle Blätter grün,
Im Mai sind alle Kater kühn
Und alle Jüngelinge.
Und wer ein Herz hat, fasst sich eins,
Und wär sich keins fasst, hat auch keins;
Singe mein Kater, singe!

Otto Julius Bierbaum (1865–1910)

In einer Zimmerecke wacht

In einer Zimmerecke wacht,
Schon länger, als ich denken kann,
Die schöne Sphinx und schweigt mich an
Im Wechselspiel von Tag und Nacht.

Ganz ungerührt und unbewegt
Verharrt die finstere Gestalt.
Der Silbermond, der lässt sie kalt,
Selbst Sonnenschein sie nicht erregt.

Der Himmel rötet sich und bleicht,
Die Flut des Mondlichts steigt und sinkt.
Der Dämmerung es nicht gelingt
Und auch der Nacht nicht, dass sie weicht.

Die Zeit verrinnt, Nacht folgt auf Nacht,
Und immer noch die Katze träumt;
Mit sanften Augen, goldgesäumt,
Hält sie auf ihrem Teppich Wacht.

Sie ruht, ihr Katzenauge starr, ·
Und zu den spitzen Ohren drängt
Das Nackenhaar, mit Gelb gesprenkt;
Das braune Fell ist seidenzart.

Mein träger Liebling, komm heran,
Und leg' den Kopf mir in den Schoß,
Damit ich dir den Nacken kos'
Und deinen Samtleib streicheln kann.

Oscar Wilde (1854–1900)

Eine große schwarze Katze

Eine große schwarze Katze
Schleicht über den Himmel.
Zuweilen
Krümmt sie sich zornig auf.
Dann wieder
Streckt sie sich lang,
Lauernd,
Sprungharrend.
Ob ihr die Sonne wohl,
Die fern im West
Langsam sich fortstiehlt,
Ein bunter Vogel dünkt?
Ein purpurner Kolibri,
Oder gar
Ein schimmernder Papagei?
Lüstern dehnt sie sich
Lang und länger,
Und Phosphorgeleucht
Zuckt breit
Über das dunkle Fell
Der gierzitternden Katze. [...]

Christian Morgenstern (1871–1914)

… dann die wunderbare Gabe,
durch das einzige Wörtchen
»Miau«
Freude, Schmerz, Wonne
und Entzücken,
Angst und Verzweiflung,
kurz alle Empfindungen
und Leidenschaften auszudrücken.
Was ist die Sprache der Menschen
gegen dieses einfachste
aller einfachen Mittel,
sich verständlich zu machen!

E.T.A. Hoffmann (1776–1822)

Katzen

Es silbern Mondflocken durchs Fenster nieder.
Auf bleichem Teppich spielen weiße Katzen,
Mit silberblauen Augen, Seidentatzen.
Beinah gebrechlich sind die feinen Glieder.

Ich klatsche, lache, schließe meine Lider.
Doch bleibt das nahe Katzenhaschen, Kratzen.
Auf einmal raschelt es in den Matratzen,
Und blasse Kleider gibt der Spiegel wider.

Ich wusste wohl, sie würden lautlos spielen.
Wie sind die Katzen und die Kinder zierlich.
Sie balgen sich auf den beglänzten Dielen.

Das große Kind ist nackt und doch manierlich,
Die Kleinen tragen blaue Mondlichthemden.
Wie mich die Augen und ihr Schmuck befremden.

Theodor Däubler (1876–1934)

Katzen

Sie liegen irgendwo in den gewohnten Ecken
Und scheinen zu sinnen.
Die Augen schimmern grün.
Man darf sie necken, sie lassen sich gewinnen.
Und alsdann legen sie sich auf den Bauch
Und runden den Leib,
Versuchen mit Schnauze und Pfoten
Deine Hände zu greifen,
Und ihre Augen glühn, die grünblaugraugelbroten ...
Irgendwann erheben sie sich und beginnen
Eine kleine Vergnügungsreise durchs Haus.
Schließlich sehen sie zu einem offenen Fenster hinaus,
Sie strecken die Schnauze in die Luft
Und lassen die Augen schweifen,
Prüfen: kann diese Witterung einem Katzentier munden?
Und schon sind sie mit wahrhaft musikalischem Sprung
In der blauen Luft verschwunden.
Am Abend sind sie plötzlich wieder da.
Man findet sie wie seidige, o so geschmeidige Damen,
Die man vor Stunden
Glänzend und stark aus der Tür treten sah,
Mit ausgestreckten Beinen
Weich zerknittert irgendwo,
Wo sie in Erinnerung versunken scheinen.

René Schickele (1883–1940)

Versonnen nehmen sie
die edlen Haltungen
der großen Sphinxe ein,
die ausgestreckt
in tiefen Einsamkeiten ruhen
und zu entschlummern scheinen
in endlosem Traum.

Charles Baudelaire (1821–1867)

Die vielen Katzen,
welche um mich sind

Die vielen Katzen, welche um mich sind,
Die wie versonnen in den Räumen schreiten,
Durch deren Fell oft meine Finger gleiten,
Sind lieber mir als Schwester, Freunde, Kind!

In ihren Augen liegt ein Fragen fremd,
Ein staunendes Nichtkennen, Nichtgekanntsein,
Ein trauriges, vereinsamtes Verbanntsein,
Ein wehes Wundern, dass ihr nicht vernehmt …

Und so versuchen immer wieder weich
Sie eure Seele in geheimem Singen –
Ihr aber tut mit ihnen wie mit Dingen,
Und eure Welt ist fern von ihrem Reich!

Max Hermann-Neiße (1886–1941)

Wie heißen die Katzen

Wie heißen die Katzen? gehört zu den kniffligsten Fragen
Und nicht in die Rätselecke für jumperstrickende Damen.
Ich darf Ihnen, ganz im Vertrauen, sagen:
Eine jede Katze hat drei verschiedene Namen.
Zunächst den Namen für Hausgebrauch und Familie,
Wie Paul oder Moritz (in ungefähr diesem Rahmen),
Oder Max oder Peter oder auch Petersilie –
Kurz, lauter vernünft'ge, alltägliche Namen.
Oder, hübscher noch, Murr oder Fangemaus
Oder auch, nach den Mustern aus klassischen Dramen:
Iphigenie, Orest oder Menelaus
Also immer noch ziemlich vernünft'ge, alltägliche Namen.
Doch nun zu dem nächsten Namen, dem zweiten:
Den muss man besonders und anders entwickeln.
Sonst könnten die Katzen nicht königlich schreiten,
Noch gar mit erhobenem Schwanz perpendikeln.

»»»»»»»

Zu solchen Namen zählt beispielsweise
Schnurroaster, Tatzitus, Katzastrophal,
Kralline, Nick Kater und Kratzeleise –
Und jeden der Namen gibt's nur einmal.
Doch schließlich hat jede noch einen dritten!
Ihn kennt nur die Katze und gibt ihn nicht preis.
Da nützt kein Scharfsinn, da hilft kein Bitten.
Sie bleibt die einzige, die ihn weiß.
Sooft sie versunken, versonnen und
Verträumt vor sich hinstarrt, ihr Herren und Damen,
Hat's immer und immer den gleichen Grund:
Dann denkt sie und denkt sie an diesen Namen –
Den unaussprechlichen, unausgesprochenen,
Den ausgesprochenen unaussprechlichen,
Geheimnisvoll dritten Namen.

Erich Kästner (1899–1974), nach T.S. Elliot

VERLAGSGRUPPE PATMOS

PATMOS
ESCHBACH
GRUNEWALD
THORBECKE
SCHWABEN

Die Verlagsgruppe
mit Sinn für das Leben

BILDNACHWEIS   S. 5, 18: © mauritius images / Firstlight; S. 6: © mauritius images / Flirt; S. 9: fotolia / © Eléonore H; S. 11: fotolia / © Claudia Paulussen; S. 13: © mauritius images / David & Micha Sheldon; S. 16/17: fotolia / © jonnysek; S. 22/23, 25, 40: © mauritius images / age; S. 29: fotolia / © Norman Pogson; S. 30: fotolia / © Philippe Bernard; S. 32: © mauritius images / Herbert Kehrer; S. 36/37: fotolia / © Marina Lohrbach; S. 38: fotolia / © alefilly; S. 42/43: fotolia / © 14ktgold; S. 44: fotolia / © Martina Berg; S. 49: © mauritius images / Radius Images; S. 51: © mauritius images / Kerstin Layer; S. 52: © mauritius images / Johnér; S. 54/55: fotolia / © maksymowicz; S. 57: fotolia / © steheap; S. 60: © mauritius images / Rainer Hackenberg; S. 63: fotolia / © cermakovamarketa.

TEXTNACHWEIS   S. 12: »Des Löwen Klage«, aus: Hermann Hesse, Sämtliche Werke in 20 Bänden. Herausgegeben von Volker Michels. Band 10: Die Gedichte. © Suhrkamp Verlag Frankfurt am Main 2002. Alle Rechte bei und vorbehalten durch Suhrkamp Verlag Berlin / S. 20: Josef Guggenmos, Katzen kann man alles sagen © Beltz & Gelberg in der Verlagsgruppe Beltz, Weinheim/Basel / S. 21: »Schlafender Philipp« aus »Traumstadt und Umgebung«, Peter Paul Althaus, SV 1967ff. / S. 61/62: »Wie heißen die Katzen«, aus: T. S. Eliot, Werke in vier Bänden. Herausgegeben und mit einem Nachwort versehen von Eva Hesse, Band 4: Gesammelte Gedichte. Übersetzt von Erich Kästner. © Suhrkamp Verlag Frankfurt am Main 1950.

Der Verlag dankt den Rechteinhabern für die freundliche Genehmigung zum Abdruck.

Für die Schwabenverlag AG ist Nachhaltigkeit ein wichtiger Maßstab ihres Handelns. Wir achten daher auf den Einsatz umweltschonender Ressourcen und Materialien. Dieses Buch wurde auf FSC®-zertifiziertem Papier gedruckt. FSC (Forest Stewardship Council®) ist eine nicht staatliche, gemeinnützige Organisation, die sich für eine ökologische und sozial verantwortliche Nutzung der Wälder unserer Erde einsetzt.

Alle Rechte vorbehalten
© 2013 Jan Thorbecke Verlag der Schwabenverlag AG, Ostfildern
www.thorbecke.de

Gestaltung: Finken & Bumiller, Stuttgart, Saskia Bannasch
Druck: Firmengruppe APPL, Wemding
Hergestellt in Deutschland
ISBN 978-3-7995-0372-3

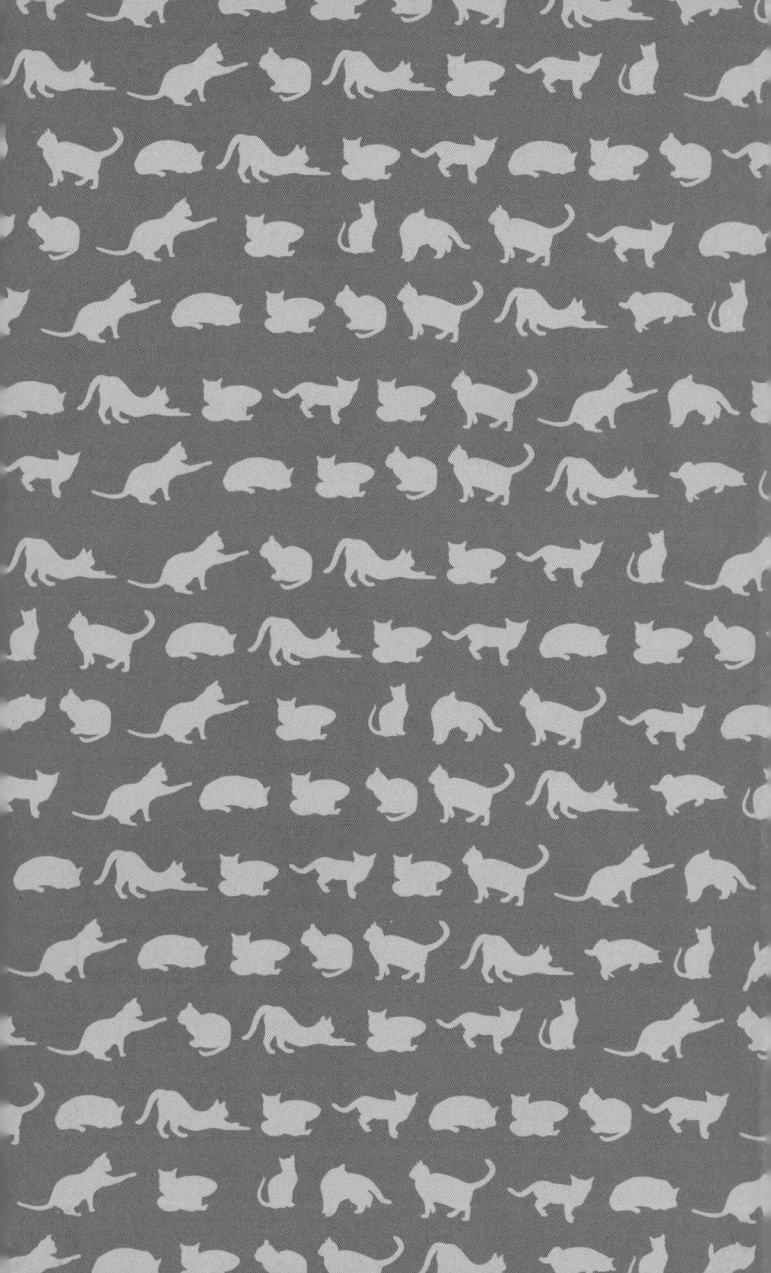